AF390631

Gustave CHAUVET
PRÉSIDENT DE LA SOCIÉTÉ ARCHÉOLOGIQUE
ET HISTORIQUE DE LA CHARENTE

PETITES NOTES

D'ARCHÉOLOGIE CHARENTAISE

N° II

1° Hypothèses sur une sculpture de l'Eglise de Ruffec (Charente).
2° L'hommage du roitelet et la fête des fous à Villejésus.
3° « Notice sur Brigueil. »
4° Notre Société.

ANGOULÊME

IMPRIMERIE CHASSEIGNAC ET BODIN

Rue Prudent, 12 (ancien local de la Poste)

1905

Extrait du *Bulletin de la Société archéologique et historique de la Charente.*
1904.

PETITES NOTES

D'ARCHÉOLOGIE CHARENTAISE

N° II.

I. — HYPOTHÈSES
SUR UNE SCULPTURE DE L'ÉGLISE DE RUFFEC

Le portail de l'église Saint-André à Ruffec vient d'être classé comme monument historique et une description présentée au conseil municipal, à l'occasion de ce classement, a attiré l'attention sur une curieuse sculpture en demi-relief se trouvant dans le tympan de l'arcade nord (1).

Le sujet représenté est assez difficile à préciser.

J.-H. Michon qui a soigneusement étudié — il y a soixante ans — nos églises charentaises, en donne la description suivante :

« La façade de l'église de Ruffec est, après celle de la
» cathédrale d'Angoulême, une des plus intéressantes.....

» ..... L'arcade nord a, dans son tympan, une sculpture
» en demi relief d'un grand intérêt.

» En voici le style :

» Un personnage barbu est couché sur un lit, la tête
» appuyée sur le coussin et soutenue de la main droite ;
» l'autre bras sort du lit ainsi qu'une jambe en partie
» recouverte d'une draperie. Une tête de chien ailé est
» sculptée à ses pieds. Derrière le lit, et vers le milieu du
» tympan, une femme vêtue est debout ; un de ses deux
» bras est brisé, mais l'autre est tendu pour soulever une
» draperie. Serait-ce le tombeau du fondateur de l'église ?
» C'est mon opinion bien arrêtée. Il est à gauche, et c'est

(1) *Séance du conseil municipal de Ruffec des 20 février et
27 mai 1902*. L'arrêté de classement est du 20 mars 1903.

L'*Observateur de Ruffec* 1er juin 1902.

Le *Journal de Ruffec* 1er juin 1902.

La *Croix de la Charente* 8 juin 1902.

» toujours à gauche que se trouvent les statues équestres
» des fondateurs d'églises.

» Le fondateur de celle de Ruffec aura pu mourir à
» l'époque de la construction de la façade et être placé là
» comme on représenta plus tard les personnages cou
» chés sur leur tombeau ayant un coussin sous leur tête
» et un animal à leurs pieds. Cette dernière circonstance
» est un *indice essentiel*. Je pense qu'il n'y a rien de sym-
» bolique dans cette sculpture » (1).

Cette interprétation s'accorde assez mal avec les récen-
tes études faites sur l'iconographie chrétienne du moyen
âge, notamment avec celles de M. Emile Mâle (2).

La sculpture de cette époque, d'après lui, était une
écriture sacrée, avec des signes spéciaux, des arrange-
ments conventionnels de personnages, et des règles par-
ticulières qu'on a longtemps méconnues. Ainsi Dieu, les
anges, Jésus Christ, les apôtres (comme sur la façade de
l'église de Ruffec) n'étaient jamais représentés que les
pieds nus (p. 14), et il eut été mal séant de ne pas chaus-
ser une statue de la Vierge ou d'un saint... Toute forme
couvrait une pensée. L'art paraît, alors, revêtir un carac-
tère dogmatique ; en général, son but est de rendre la
liturgie et la théologie visibles aux masses illétrées sous
des formes symboliques qui nous déconcertent souvent,
les artistes ayant mêlé quelquefois leur fantaisie, dans
les détails, aux sujets indiqués par le clergé.

Le latin, seul en usage dans la haute classe, était incom-
pris du peuple et la langue vulgaire n'était pas encore
capable d'exprimer les idées abstraites... l'art essayait
de les traduire aux yeux des foules par un symbolisme
dont nous retrouvons trace dans toute une série d'ency-
clopédies... miroirs... sommes... qui nous indiquent les

(1) J.-H. Michon, *Statistique monumentale de la Charente*, Angoulème, 1844, page 308.

(2) Emile Male, *L'art religieux du XIIIe siècle en France, nouvelle
édition.* Armand Colin, 1902. Couronné par l'Académie des Inscriptions... (Prix Fould).

— 3 —

conceptions du monde au moyen âge, époque mysté-
rieuse (p. 35-51), bien différente de notre réalisme
moderne ; il faut un grand effort d'esprit pour comprendre les pensées que les artistes d'alors ont voulu
exprimer dans leurs œuvres. Le sens primitif a été souvent oublié ou modifié (p. 337-346).

Dès le seizième siècle, les nouvelles générations qui
portaient en elles un autre idéal ne comprirent plus le
symbolisme des siècles passés (p. 1, 200, 386).

Il est donc bon de reviser nos anciennes idées sur l'art
du moyen âge et de chercher, notamment, en ce qui
touche le portail de l'église de Ruffec, une autre interprétation que celle du savant abbé Michon. On verra
difficilement, avec lui, dans le personnage couché (fig.),
le fondateur ou le bienfaiteur de l'église. Au douzième
siècle, les façades sont occupées presque exclusivement
par les apôtres, les saints..... Les donateurs rois, barons,
évêques n'occupent qu'une place modeste (p. 389). C'est
plus tard seulement au quatorzième siècle qu'ils usur-
pent les places d'honneur (p. 390).

J'ai souvent vu la façade de Ruffec avec des hommes
très versés dans l'étude de l'iconographie chrétienne,
notamment MM. Léon Palustre et Barbier de Montault,
ils ont examiné longuement le sujet représenté dans la
figure sans oser formuler une opinion précise. La bande
de pierre sculptée au-dessus du lit, que le public prend
quelquefois pour le corps d'un quadrupède à tête
humaine, leur paraissait difficile à expliquer. Etait ce
l'aile d'un ange dont la tête était figurée dans la partie
supérieure du sujet ?... Ou bien le bras gauche d'une
femme soulevant une étoffe ?

Ils n'ont pas osé se prononcer.

Pour éclairer la question, j'ai cru qu'il était bon d'avoir
un dessin exact de la scène représentée. M. Téléph Devant
a bien voulu se charger de la photographie suivant
laquelle M. P. Mourier a dessiné la figure ci-jointe après
retouches faites sur place ; je les remercie l'un et l'autre
du soin qu'ils ont mis à cette fidèle reproduction.

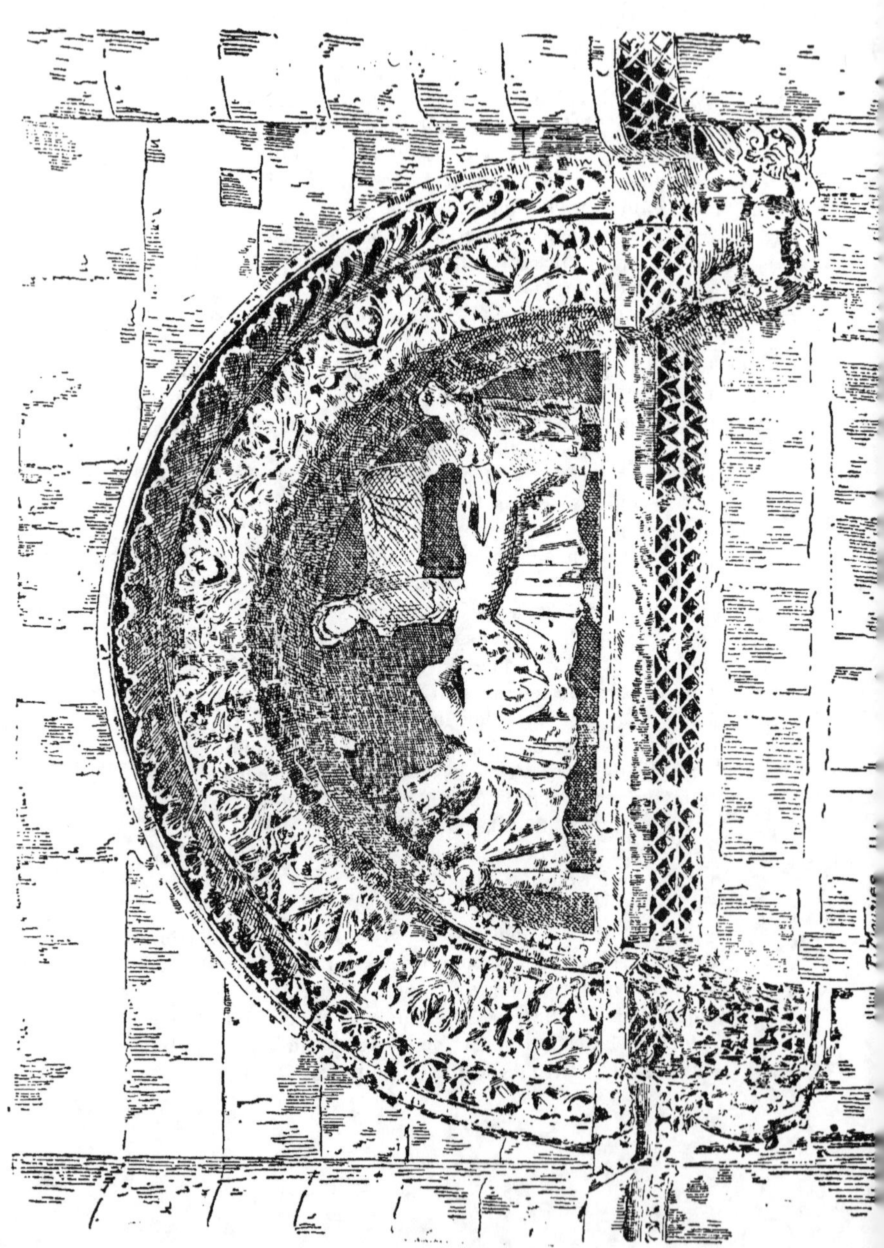

— 5 —

On peut ainsi avoir une idée, à peu près exacte, de ce petit monument énigmatique :

Un lit à quatre pieds recouvert de draperies nouées aux angles ; de loin, les nœuds peuvent être pris pour des couronnes.

Un homme y est couché dans une attitude agitée; sa très grosse tête barbue appuyée sur un oreiller est soutenue par la main droite ; le bras gauche est replié; la jambe droite dont le pied semble *nu* sort sous la couverture.

Sur le pied du lit, un petit chien assez indistinct, est couché comme dans les tombeaux des siècles suivants.

Derrière le lit, un personnage est debout; la tête, certainement celle d'une femme, est coiffée à la mode du douzième siècle ; on voit très nettement les bandes d'étoffes passant sous le menton et rappelant les coiffes signalées par MM. J. George et A. Guérin-Boutaud (1).

Le bras droit a été brisé, il devait avoir une attitude relevée, comme en témoigne un arrachement de la pierre à la partie supérieure gauche de l'arcade.

Le bras gauche étendu horizontalement semble soulever une draperie..... qui pourrait être prise pour une *aile* si le personnage représenté était un ange à tête de femme (??).

Le corps paraît très mince à la partie supérieure du lit, mais il était autrefois beaucoup plus gros : une pierre de sa partie gauche a été enlevée et, peut-être, avec elle, une portion de la draperie soulevée par le bras et qui pouvait ainsi descendre jusque sur l'homme couché.

Sous le lit, on voit nettement le *pied nu* correspondant à la tête de femme de la partie supérieure.

(1) *Notes sur trois coiffes de l'Angoumois au moyen âge. Bull. Soc. arch. et hist. de la Charente*, 1900, p. CXXIX.

Hypothèses.

Voici quelques unes des interprétations que j'ai successivement examinées :

Judith et Holopherne. La partie nord des églises étant en général réservée aux scènes tirées de l'Ancien Testament, c'est dans la Bible que j'ai cherché. Peut-être l'artiste a t il voulu représenter Judith et Holopherne ? Dans ce cas, le personnage debout serait une femme soulevant du bras gauche une étoffe, couverture ou rideau ; le bras droit brisé aurait tenu un glaive dont la pointe a peut-être laissé une trace dans la partie supérieure de l'arcade; elle est figurée dans le dessin.

M. Mâle, à qui j'ai soumis cette hypothèse, m'a répondu ce qui suit (1) :

« ..... J'ai peur de n'avoir pas grand chose d'intéres
» sant à vous dire.

» Votre hypothèse de Judith et d'Holopherne pourrait
» parfaitement être acceptée — bien que je ne connaisse
» pas d'autre exemple d'une pareille représentation à
» cette époque.

» Voici deux autres hypothèses : Si la femme a *les pieds*
» *nus*, ce pourrait fort bien être un ange venant annoncer
» à saint Joseph qu'il faut fuir en Égypte. Sujet assez
» fréquemment traité dans l'art du douzième et du trei
» zième siècle. Saint Joseph, dans ce cas, est toujours
» représenté endormi.

» Mais une autre interprétation me séduirait davan
» tage. Il pourrait se faire que ce soit le songe de Nabu
» chodonosor voyant apparaître devant lui une statue.
» Ce songe symbolique se rapporterait à l'avènement de
» Jésus-Christ. J'en ai dit un mot dans mon livre à pro

(1) Lettre du 9 octobre 1902.

» pos du portail de Laon (1). Ce symbolisme subtil me
» parait bien dans l'esprit des artistes du douzième
» siècle.

» Voilà tout ce que me suggère ce bas relief. Ce ne
» sont pas, vous le voyez, des certitudes. »

Vision de saint André. L'église de Ruffec étant sous le
vocable de saint André. il était utile de savoir quels
étaient les principaux épisodes de sa vie. *La Légende
dorée* (2) qui a résumé les idées courantes du douzième
et du treizième siècle nous a renseigné à ce sujet, j'y
trouve ceci : « ..... Sur ces entrefaites, l'ange du Sei-
» gneur ordonna à saint André d'aller en Myrmidonie
» trouver saint Mathieu. » (t. I. p. 20 24). D'autre part,
Jean Beleth dit en traitant de la fête de Saint André qu'il
a la *barbe épaisse.*

Il ne serait pas impossible de voir sur la façade de
Saint-André de Ruffec un épisode de la vie de son
patron :

Le personnage debout serait alors, dans ce cas, un
ange, et le personnage barbu serait saint André qui,
obéissant à l'ordre, serait déjà à moitié sorti de son lit
pour entreprendre son voyage.

Voici l'avis de M. E. Mâle sur cette hypothèse :

« Votre interprétation est ingénieuse, mais elle m'ins-
» pire des doutes ; au douzième siècle, les scènes de la vie
» des saints ne tiennent pas encore beaucoup de place dans
» l'art. Il serait extraordinaire qu'un épisode aussi peu
» important de la vie de saint André eut obtenu les hon-
» neurs d'un tympan. Je penche pour une scène de l'an-
» cien testament. Ce prétendu ange ne serait il pas une
» femme. puisqu'il a une coiffure féminine ? Et cette
» prétendue aile ne serait elle pas un morceau du rideau
» du lit ? Une aile de cette forme est invraisemblable.

(1) E. MÂLE. *Loc. cit.* p. 180, 181.
(2) *La Légende dorée,* édition de l'abbé J.-B.-M. Roze, 1902, t. I. p. 20.

» S'il en était ainsi, il serait bien difficile de ne pas
» voir là l'histoire de Judith et d'Holopherne. C'est l'idée
» que vous aviez eue d'abord. Elle pourrait bien être la
» meilleure. »

La mauvaise mort. Il y a quelques jours, M. Dangibeau,
conservateur du Musée de Saintes, visitait notre église et
je lui ai soumis mes hésitations. Il serait porté à voir
dans notre sculpture une représentation de la *mauvaise
mort*, c'est à dire un mourant tourmenté par un démon ;
ce serait un enseignement religieux qu'il faut toujours
chercher dans une œuvre de cette importance et à cette
place.

Voici bien des hypothèses parmi lesquelles je n'ose
choisir, puisque les maîtres hésitent.

Peut-être trouverons-nous un manuscrit, un vitrail ou
une autre sculpture reproduisant le même sujet non
mutilé... et la question sera ainsi résolue.

Quoi qu'il arrive, si nos hypothèses sont incertaines,
notre figure, soigneusement faite, restera toujours utile
comme terme de comparaison.

Et la question me parait ainsi clairement posée.

II

L'HOMMAGE DU ROITELET ET LA FÊTE DES FOUS
A VILLEJÉSUS.

A l'une de nos dernières séances, j'ai appelé l'attention
sur une curieuse coutume de Villejésus, encore en usage
à la fin du XVIIe siècle : Au 1er janvier de chaque année,
un groupe d'habitants parcourait les rues en cortège,
sonnant de la trompette, aux cris de : Vive le roi ! et

portant en triomphe quatre enfants nus tenant une cage ;
elle contenait un roitelet vivant. On se rendait ainsi à
l'église où l'on donnait l'oiseau en hommage au comman-
deur de Malte.

Des recherches nouvelles m'ont permis d'appuyer sur
de très forts arguments l'hypothèse rattachant cette céré-
monie bizarre aux saturnales romaines ; je vais les indiquer sommairement avec les sources où je les ai puisées.
Ceux qui s'intéressent à ces questions pourront en s'y
reportant se faire une opinion personnelle.

C. Leber a montré dans une dissertation sur sa collection de pièces historiques (1) qu'au moyen âge, depuis
Noël jusqu'à la fête des Rois, des travestissements et des
mascarades avaient lieu dans les églises, rappelant les
réjouissances en usage chez les Romains au commen-
cement de chaque année (2).

Nous retrouvons ces scènes d'un usage général en
France avec des détails tout à fait analogues à ceux signalés à Villejésus. Les souvenirs de ces cortèges parcourant
les rues au son de la trompette en proférant des cris
divers ont été conservés dans de nombreux documents.

A Besançon (3), les fêtes des Fous se faisaient d'abord
séparément dans chaque église..... notamment pendant
les fêtes de Noël et le jour des Saints-Innocents..... le bas
chœur conduisait son *roy* en cavalcade par la ville, l'ac-
compagnant en habits grotesques et divertissait le public

---

(1) C. LEBER, *Dissertation sur les Saturnales françaises, pour servir d'éclaircissement à l'histoire des Mascarades qui se sont intro-
duites dans les cérémonies des différents cultes.* (*Collection des
meilleurs Dissertations et Mémoires relatifs à l'Histoire de France,*
t. IX, p. 190).

(2) M. R... (RIGOLLOT), *Monnaies inconnues des évêques des innocents, des fous et de quelques autres associations singulières du
même temps.* Paris, J.-S. Merlin, 1833, in-8°, p. 8, etc...

Comparer : *Les Fêtes du carnaval à Toulouse vers 1700,* par E. CAR-
TAILHAC, *Bull. Soc. arch. du Midi de la France,* 1904, p. 123.

(3) A. R... *Loc. cit.,* p. 47, 48, d'après DUNOD DE CHARNAGE, *Histoire
de l'Église, Ville et Diocèse de Besançon.*

par des bouffonneries. Ces mascarades furent supprimées en 1518.

Les trompettes, comme à Villejésus, étaient en honneur dans ces sortes de fêtes ; elles troublaient souvent la tranquillité des gens paisibles ainsi qu'en témoigne une décision de 1479 du chapitre de Reims qui veut bien payer les frais du festin à la fête des Innocents, mais à condition qu'on ne ferait pas sonner les trompettes et qu'on ne courrait pas la ville à cheval (1).

Il n'était pas rare dans ces cérémonies de voir des hommes nus se promener dans les rues comme les enfants de Villejésus (2).

Quant aux cris de : *Vive le roi !* ils peuvent s'expliquer comme s'adressant au roitelet « le *roi-bertaud* », comme on dit en patois, mais ils doivent plutôt rappeler le roi des fous comme celui de Noyon. La veille des Rois, les vicaires de la ville élisaient un roi des fous ; il est dit dans une délibération du chapitre de l'année 1497 que l'assemblée permit à ce roi et à ses compagnons de faire leurs divertissements la veille de l'Épiphanie pourvu qu'on ne chantât point d'infâmes chansons, qu'on ne dit point de paroles injurieuses et impudiques, qu'on ne fit pas de danses obscènes devant le grand portail, toutes choses qui avaient eu lieu à la dernière fête des Innocents (3).

Ces fêtes burlesques et obscènes ne paraissent pas issues du christianisme avec lequel elles cadrent mal. Il faut y voir des survivances d'anciennes fêtes païennes

---

(1) A. R. *Loc. cit.*, p. 13, 139, d'après MARLOT, *Metropolis remensis historia*, t. 2, p. 769.

Sur les fêtes des Innocents et licences qui en étaient la suite, voir notamment la 45ᵉ nouvelle de la reine Marguerite de Navarre.

(2) A. R..., p. 140. Voir une dissertation de l'abbé LEBŒUF dans le t. IX, p. 454 de la *Collection de pièces relatives à l'Histoire de France*.

— *Gallia christiana*, t. XII, col. 96.

(3) A. R..., *Loc. cit.*, p. 27, 28. Nous avons probablement conservé traces de ces souvenirs dans notre moderne gâteau des Rois et dans le Roi de la fève.

dont le souvenir n'est pas encore complètement effacé. L'Église, impuissante contre ces vieilles coutumes et ne pouvant les supprimer, se bornait, en les tolérant, à les corriger dans leurs excès, autant que cela était possible.

Dans certaines contrées, notamment en Picardie, à l'occasion de ces fêtes, on frappait des médailles en plomb dont l'étude forme un curieux chapitre de la numismatique (1). M. R..., d'Amiens, dans son livre précité, en décrit une nombreuse collection et en figure 117 variétés (2).

Il serait intéressant de rechercher si nous n'avons pas en Charente des médailles analogues, auxquelles on ne prête pas attention, à cause du peu de valeur de leur métal.

Avis aux numismatistes.

(1) Le *Programme du Congrès des Sociétés savantes à Alger en 1905* contient cette question : Décrire et classer les plombs monetiformes portant des sujets figurés ou des inscriptions; en indiquer la provenance.

(2) En dehors des ouvrages déjà cités, on pourrait consulter utilement sur ces fêtes :

MILLIN, *Monuments inédits*, t. II, 1806.

DUTILLOT, *Mém. pour servir à l'histoire de la fête des Foux*. Lausanne, 1741.

Aimé CHÉREST, *Nouvelles recherches sur la fête des Fous dans plusieurs églises et notamment dans celle de Sens*. Paris, 1853.

La sentance de monsieur le prévost de Paris donnée contre Angoulevent pour faire son entrée de prince des Sots, avec ses héraulx, suppots et officiers. Paris, David le Clerc, 1605, in-8°.

DESLYONS, *Traitez singuliers et nouveaux contre le paganisme du Roy-boit*. 1670.

III.

« NOTICE SUR BRIGUEIL » (1).

M. l'abbé J. B. Pérucaud, curé de Bioussac, a fait hommage à la Société d'une intéressante étude sur Brigueil, paroisse de l'arrondissement de Confolens. Un long séjour dans cette commune lui a permis d'y faire de nombreuses recherches et il a certainement rendu service à nos études en publiant son livre.

Autrefois l'histoire se faisait à peu près exclusivement avec des *choses lues*, aujourd'hui les *choses vues*, les observations directes ont pris une grande importance pour contrôler et souvent pour suppléer les textes. Aussi l'instituteur et le curé dans chaque commune, sans trop de peine, feraient œuvre utile en décrivant simplement ce qu'ils *voient*, ce que le hasard met au jour, dans les travaux agricoles, dans les archives de famille, etc.

M. G.-E. Papillaud, instituteur de Montboyer, nous a montré ce que l'on peut faire d'utile à ce sujet dans son étude sur la paroisse de Montboyer (2). La notice de M. l'abbé P... contient aussi un très bon exemple de monographie locale ; son objectif a été surtout l'histoire des seigneurs de Brigueil et de l'archéologie chrétienne ; elle comprend beaucoup de *choses lues*... qui seront utilement consultées pour l'histoire de l'arrondissement de Confolens ; M. de La Martinière en donnera ci-après l'analyse.

Il s'y trouve aussi d'intéressantes observations personnelles sur les temps préchrétiens ; M. l'abbé P... indique

______

(1) Par M. l'abbé J.-B. Pérucaud. Ruffec, L. Picat, 1904, in-8°, 247 p.
(2) G.-E. Papillaud, *Une paroisse de l'ancienne Saintonge, Montboyer du XIVe siècle à nos jours*. Angoulème, Barraud, 1899, in-8°, 380 p.

de nombreux camps antiques entourant Brigueil dans un rayon assez étendu, et il les rattache à la période gallo-romaine. Des fouilles seules pourraient nous dire exactement leur âge ; ils sont placés en dehors de la voie romaine traversant la contrée et peuvent remonter à une époque plus ancienne, comme ceux de Vœuil et de Recoux, remontant à l'âge du bronze, et que l'on datait de la conquête romaine ou du moyen-âge, avant nos fouilles (1).

En ce genre d'étude, pour voir utilement, il faut évidemment être sur place, mais il faut aussi être renseigné sur ce qui a été observé et écrit au sujet des monuments visités ; la notice sur Brigueil eut gagné en donnant des indications bibliographiques sur la région décrite ; les notes suivantes ont pour but de combler, en partie, cette lacune, en ce qui concerne les anciens camps.

Camps antiques autour de Brigueil.

A. *La commune de Brigueil*, sans y comprendre le chef-lieu, qui était très probablement un refuge fortifié, contient trois camps :

1° *Camp de la Forêt*, rectangle dont les talus ont été en grande partie nivelés. Il y aurait lieu de vérifier s'il ne fait pas double emploi avec le camp des Assieux, sur la commune de Montrollet (2).

2° *Camp d'Anglard*, porté sur la carte de l'état-major sous le nom de camp de César ; rectangle de 150 mètres sur 95 ; retranchement de 7 mètres d'élévation sur certains points. Ces dimensions ont été établies par J.-H. Michon et recopiées depuis par les archéologues qui se

(1) A.-F. Lièvre. *Le camp de Vœuil*, extrait des *Bulletins de la Société archéologique et historique de la Charente*, 1888.

A. Favraud. *Le camp de Recoux*, extrait *Bulletin id.*, 1899.

(2) J.-H. Michon. *Statistique monumentale de la Charente*, Paris, 1844, in-4°, p. 149.

sont occupés de ces monuments (1). M. l'abbé P... ajoute
une indication intéressante, mais qui mériterait d'être
vérifiée par une observation précise (p. 22). En 1835, un
agriculteur du village de Nombrail, en labourant dans le
voisinage du camp, rencontra, dit-il, des chemins souter-
rains qui mettaient en communication ce camp avec Brigueil ? (2).

3° *Camp de Bourdareix,* retranchement rectangulaire
assez bien conservé, situé à environ 500 mètres du camp
d'Anglard, à 2 kilomètres de Brigueil, qui est dominé par
eux (p. 22). Il semble indiqué pour la première fois par
M. l'abbé P...

B. *La commune d'Étagnac* donne le *Camp de l'Age,* très
bien conservé à l'époque de J.-H. Michon ; un dolmen se
trouve à sa proximité vers l'Est ; un peu plus loin, traces
de fortifications. Marvaud qui n'a très probablement pas
vu le monument dit que les circonvallations de ce camp
reposent dans quelques parties sur des substructions à
grand appareil ; on l'a signalé souvent comme se trouvant sur la commune de Saulgon (p. 22) (3).

(1) F. Marvaud. *Répertoire archéologique du département de la
Charente,* p. 118. Extrait du *Bulletin de la Soc. arch. et hist. de la
Charente,* 1862.

(2) J.-B. Pérucaud. *Notice sur Brigueil,* p. 22, 23.

F. Marvaud. *Répertoire,* p. 118.

J.-H. Michon. *Statistique,* p. 149.

Martial Imbert. *Monographie des anciennes enceintes du Limousin
et des régions voisines.* Rochechouart, 1894, p. 31. Extrait du *Bulletin de la Société les Amis des sciences et arts de Rochechouart,*
1894-1895.

Bélisaire Ledain. *De l'origine et de la destination des Camps
romains, dits Chatelliers, en Gaule,* p. 72. Extrait des *Mem. de la Soc.
des Antiquaires de l'Ouest,* t. VII, 1884.

(3) F. Marvaud. *Répertoire,* p. 114.

Martial Imbert. *Monographie...,* p. 30.

Bull. soc. les Amis des sciences et arts de Rochechouart, t. IV,
p. 173, 177.

C. Sur *la commune de Montrollet* on a signalé :

1° *Camp des Robadeaux*, quadrangulaire, 120 mètres sur 94 ; talus peu élevé mais bien marqué au temps de J.-H. Michon ; les angles sont orientés sur les quatre points cardinaux (p. 22) (1).

2° *Camp des Assieux*, dans la forêt de Brigueil, rectangulaire et en partie nivelé ; fait peut-être double emploi avec le camp dit de la Forêt, sur Brigueil.

3° *Camp du Puy Mérigou*, les talus ont été en partie abattus ; au temps de J.-H. Michon il restait deux angles et un côté long de 65 mètres ; les angles sont orientés aux points cardinaux (2).

D. Sur la commune de *Saint-Christophe*, on a signalé le *Camp de la Faye* (p. 22), rectangulaire et reposant sur des substructions, d'après Marvaud (3).

C. Sur la commune de *Saulgon* on a signalé le *Camp de l'Age* qui est situé sur Étagnac.

Les notes qui précèdent résument en partie ce qui a été écrit sur les retranchements des environs de Brigueil ; elles renferment certainement des erreurs, probablement des doubles emplois, et surtout beaucoup de lacunes ; un habitant de la contrée ferait œuvre archéologique utile en visitant chacun des monuments sus-indiqués pour en donner des descriptions précises et des photographies qui pourraient devenir d'utiles cartes postales.

(1) J.-H. Michon. *Statistique*, p. 148.
F. Marvaud. *Répertoire*, p. 122.
Bélisaire Ledain. *Loc. cit.*, p. 72.
Martial Imbert. *Loc, cit.*, p. 31.
(2) J.H. Michon. *Loc. cit.*, p. 148, 149.
F. Marvaud. *Loc. cit.*, p. 122, 118.
Martial Imbert. *Loc. cit.*, p. 31.
Bélisaire Ledain. *Loc. cit,*, p. 72.
(3) Dénommé Camp de la *Faye*, de la *Sayne*, de la *Sagne*. Voir mêmes références que pour celui du Puy Mérigou.

Le mémoire de M. l'abbé J.-B. Pérucaud contient d'intéressantes observations personnelles et notamment :

Nombreux souterrains-refuges, remontant peut-être à la période gauloise, sous les habitations du bourg. Ils mériteraient une étude attentive.

Un curieux cabinet, muni d'une cheminée, pratiqué dans la muraille de l'église, joignant la chapelle seigneuriale, et dans lequel seigneur pouvait assister aux offices sans être incommodé par le froid (p. 111).

Au chapitre XVI, coutumes et fêtes (p. 170 et suivantes), les divertissements dans l'église de Brigueil pourraient être rapprochés de ceux signalés à Villejésus. (*L'hommage du roitelet*, p. 10).

IV.

NOTRE SOCIÉTÉ.

SÉANCE DU 11 JANVIER 1903.

M. G. CHAUVET, président, au début de la séance s'exprime ainsi :

« Mes chers collègues,

» Mon rôle de président est terminé et je vous adresse tous mes remerciements pour le bienveillant concours que vous m'avez prêté dans notre œuvre commune.

» La publication des *Tables analytiques* de nos travaux depuis un demi-siècle (1) indique les nombreuses découvertes et les importants mémoires originaux de notre Compagnie sur les sujets les plus divers de l'histoire charentaise.

» Notre Société a donc fait œuvre utile dans le cadre spécial de ses études.

» Elle a été bienfaisante à un autre point de vue — et non des moindres : A une époque où les hommes

(1) Jules BAILLET et Jules DE LA MARTINIÈRE, *Tables générales des Bulletins et mémoires de la Société archéologique et historique de la Charente*. Angoulême, in-8°, 365 pages.

tendent à se classer en groupes fermés, dans des compartiments étanches, contenant chacun des individus d'un seul type, rapprochés par la similitude de leurs pensées, de leurs espérances, de leurs intérêts et..... quelquefois de leurs préjugés, il est bon qu'en des réunions, comme les nôtres, des hommes de bonne volonté, sortant souvent de milieux très divers, se rencontrent, de temps à autre, et chaque mois, — uniquement préoccupés de la vérité historique trouvée dans l'observation directe des faits et dans la critique sévère des traditions et des textes, échangent loyalement leurs pensées, leurs affirmations et leurs hypothèses sur le développement de l'humanité, les diverses phases des civilisations et la conception du monde..... Toutes questions qui sont, en réalité, le véritable but de nos recherches.

» Dans ces études difficiles, nous apportons une liberté d'examen profitable aux uns comme aux autres, car, en ces matières, l'autorité n'est une raison suffisante pour personne.

» De longues années passées ici chaque mois à étudier, avec une égale bonne foi, les obscures questions soulevées par nos petites découvertes locales établissent entre nous — bien que sortis de groupes divers — des liens d'estime réciproque et de sympathie qui, à côté de l'archéologie, ne sont pas inutiles au point de vue social.

» Aussi je tends sympathiquement la main à M. Xanglard et à M. George en les priant de prendre leur place au bureau comme président et vice-président. Vous connaissez tous leurs importantes publications sur l'histoire et l'archéologie de la Charente.

» Mon concours ne leur fera pas défaut. »